A.-A. FAUVEL

LA

GUERRE RUSSO-JAPONAISE

SES ORIGINES

EXTRAIT DES *ÉTUDES* DU 20 JUIN 1904

PARIS

IMPRIMERIE DE J. DUMOULIN

5, RUE DES GRANDS-AUGUSTINS, 5

MCMIV

LA
GUERRE RUSSO-JAPONAISE

SES ORIGINES

A.-A. FAUVEL

LA

GUERRE RUSSO-JAPONAISE

SES ORIGINES

EXTRAIT DES *ÉTUDES* DU 20 JUIN 1904

PARIS

IMPRIMERIE DE J. DUMOULIN

5, RUE DES GRANDS-AUGUSTINS, 5

MCMIV

LA GUERRE RUSSO-JAPONAISE

SES ORIGINES

Quelles sont les causes de la guerre actuelle entre la Russie et le Japon? Quelle est l'histoire de ses préliminaires? Enfin quels seront les résultats probables du conflit? Telles sont les trois questions auxquelles nous allons essayer de répondre, de notre mieux, en nous basant, pour cela, sur nos propres souvenirs de voyage et en les complétant par l'étude approfondie des journaux d'Extrême-Orient; tout particulièrement du *London and China Telegraph*, généralement des mieux renseignés. Nous y ajouterons les opinions de quelques-uns de nos amis et surtout des fonctionnaires russes ou japonais que nous avons eu l'occasion de rencontrer, ou dont nous avons lu les interviews dans les journaux européens de marque.

Pour se rendre mieux compte de la situation et de ses conséquences, il faut tout d'abord considérer le caractère des peuples en présence et leurs tendances politiques et sociales. A tout seigneur tout honneur, commençons donc par notre ami et allié le peuple russe. Depuis plus de trente ans nous avons assisté à la marche vers l'Extrême-Orient de la nation russe, et à ses conquêtes successives en Trans-caspienne, en Asie centrale, puis en Sibérie orientale. Dans son *Drang nach Osten*, la Russie vise surtout à obtenir pour sa flotte un port en mer toujours libre. Elle a d'abord jeté les yeux sur le golfe Persique, qui se trouvait plus proche d'elle que les mers d'Okhotsk, de Chine et du Japon. Mais l'Angleterre, plus rapide dans ses mouvements, s'y installa solidement et il fallut songer à conquérir sur la Chine les territoires au sud de l'Amour pour créer le port de Vladivostok (la dominatrice de l'Orient). L'amiral Nevelskoy s'illustra dans cette tâche[1]. Malheureusement Vladivostok

1. De 1850 à 1858.

est fermé par les glaces pendant plusieurs mois d'hiver, en
général de novembre à fin d'avril, soit près de la moitié de
l'année. Pour peupler les nouvelles conquêtes, faites sur les
terres du Fils du Ciel, dans le pays même de ses ancêtres, et
pour les exploiter commercialement, on créa cette œuvre
immense, cette colossale entreprise, qui s'appelle le transsibérien, dont les travaux, si intéressants, furent révélés pour
la première fois au grand public par la section russe de l'Ex-
position universelle de Paris en 1900.

L'immigration des paysans russes dans ces régions va
bientôt y prendre un essor remarquable. Commencées en
1855, les premières tentatives de colonisation des territoires de l'Amour ne tardèrent pas à donner des résultats
sensibles. Grâce aux subsides de tous genres, aux privilèges,
aux distributions de terres, exemptions de service militaire
et d'impôt ; grâce aussi aux colonies de Cosaques, etc., la population qui, en 1885, ne comptait encore que 85 000 habitants, monta en 1895 au chiffre de 89 000 (dont près de 20 000
indigènes et étrangers) et en 1897 elle atteignait 102 114 âmes.
Dans la région littorale, entre Nicolaïevsk et Vladivostok,
et principalement dans l'Oussouri, l'accroissement de la
population russe fut de plus de 30 000 têtes, de 1891 à 1896 ;
passant de 64 000 à 95 108. On y arrivait par terre à travers
toute la Sibérie et par mer au moyen des navires à vapeur
partant de la Baltique et d'Odessa.

Proposé par le comte Mouravieff, surnommé Amoursky,
sitôt qu'il eut conquis la Sibérie orientale, au milieu du
siècle dernier, le transsibérien, oublié jusqu'en 1862, fut
alors remis en question et une commission d'études y tra-
vailla de 1872 à 1874. Les projets succédèrent aux projets.
On s'arrêta enfin à celui qui faisait passer la voie par les
terres noires, la région la plus fertile et la plus peuplée, et
traversait Mias, Nijné-Oudinsk, Samara, Kourgan, Kaïnsk,
Kolywan, Mariinsk et Krasnoïarsk. Commencé en 1891 (31 mai)
par les deux extrémités, il atteignait le Baïkal en 1898, et
était achevé, sauf la partie au sud du Baïkal, en 1901. On traversait le lac sur des vapeurs reliant Listvennitchy sur la
rive occidentale à Missovaïa sur la côte orientale.

Pendant ce temps, la guerre avait éclaté (le 1er août 1894), entre la Chine et le Japon, au sujet de la Corée. Nous avons raconté dans *le Correspondant* [1] comment les Chinois, battus sur mer à l'embouchure du Yalou, et sur terre en Corée, au Chan-toung et en Mandchourie, avaient signé le 17 août 1895 à Shimonosaki un traité de paix. Entre autres concessions, il accordait au Japon la possession de la péninsule du Liao-toung, avec le port militaire de Lou-choun-kéou, plus connu sous le nom anglais de Port-Arthur [2] qui a été construit par un syndicat français et fortifié par le major allemand von Hanneken. L'Europe, représentée par la France, l'Allemagne et la Russie, força le Japon de rétrocéder tout cela à la Chine. Cette application du *Sic vos non vobis* du poète latin sema dans le cœur des Japonais un ferment de haine d'autant plus puissant contre les Russes que ceux-ci n'avaient encore pu se faire pardonner la conquête sur le Japon de l'île de Sakhaline (opérée le 22 septembre 1853) [3]. C'est certainement à la *perte de la face* subie par le Japon à ce moment qu'il faut attribuer le commencement des sentiments hostiles de ce pays contre la Russie. Ces sentiments, adroitement cultivés et exaltés par le parti nationaliste et russophobe, ont fini par prendre une telle intensité que le gouvernement du mikado, d'abord pacifique, dut se résoudre, peu à peu, à suivre le mouvement populaire et à se prononcer en faveur d'une guerre contre la Russie.

Pour relier le port militaire de Nikola-ouane (baie Nicolas : nom sino-russe de Port-Arthur) et le port marchand de Ta-lien-ouane (à 30 milles au nord), rebaptisé Dalny (l'éloigné) par le tsar, au transsibérien au nord-ouest, à Vladivostok au nord-est, et à Pékin, la Russie fit signer, le 8 septembre 1896, une convention entre la Banque russo-chinoise et le ministre de Chine Sioui Tsin-chan. La *Société du chemin de fer de l'Est-chinois*, créée dans ce but, s'engageait à construire une voie ferrée allant de la station sibérienne de Kaïdalovo, à 350 kilo-

---

1. *La guerre sino-japonaise. Aujourd'hui et demain.* (*Le Correspondant*, 10 décembre 1894.)

2. Du nom de l'officier de la marine britannique qui l'avait le premier exploré en 1858.

3. Le Japon toucha cependant une indemnité de 30 millions de taëls, environ 100 millions de francs (1 taël = 3 fr. 08).

mètres à l'ouest de la frontière occidentale de Mandchourie,
jusqu'à Nikolskoï non loin de Vladivostok et à 120 kilomètres à l'est de la frontière orientale de Mandchourie, en
passant par Tsitsikar, Kharbin et Ningouta. Ce chemin de
fer de l'Est-chinois, ainsi relié par les deux extrémités au
transsibérien, était concédé pour quatre-vingts ans à partir
du moment de l'ouverture totale de la ligne. Il devait être
relié ensuite à Port-Arthur par une ligne ferrée partant de
Kharbin, se dirigeant droit au sud par Moukden et s'em-
branchant à Ta-shih-tchiao, sur la ligne chinoise de Pékin-
Tientsin-Chan-haï-kouan. Poussée jusqu'à Niéou-tchouang en
1902, elle appartient à une société dont tous les actionnaires
sont russes ou chinois. Rachetable par la Chine après trente-
six ans d'exploitation, la ligne de l'Est-chinois est chinoise
de nom et russe de fait. Commencée en 1897, elle fut achevée
en 1901. La convention en question semble n'être qu'un
fragment d'un traité secret préparé à Pékin par le ministre
de Russie, comte Cassini, et ratifié lors du voyage fait par le
vice-roi du Tchili, Li-Hong-Tchang, à la cour de Russie pour
le couronnement du tsar en 1896.

Le 14 novembre 1897, les Allemands, profitant adroitement
du massacre de deux missionnaires catholiques allemands
dans la province du Chan-toung, s'emparèrent, *manu militari*,
de la ville et de la baie de Kiao-tchéou, au sud-ouest de la
péninsule du Chan-toung. C'était le commencement de la
mainmise des puissances européennes sur le sol sacré et,
jusqu'alors, intangible du Céleste-Empire. Pour ne pas rester en arrière, les Russes envoyaient une division navale à
Port-Arthur et obtenaient, le 27 mars 1898, par une convention particulière signée à Pékin, la concession, pour vingt-
cinq ans, de toute la partie de la péninsule du Liao-toung
située au sud de la ligne traversant l'isthme entre Pi-tze-ouo
à l'est et Pou-lan-tiène à l'ouest. Ce territoire comprend
Port-Arthur et Ta-lien-ouane ou Dalny. La construction d'une
voie ferrée reliant ces deux ports au transsibérien était autorisée par la Chine. Les troupes chinoises furent remplacées
ce jour même par les troupes russes.

L'Angleterre, voyant dans l'occupation de Port-Arthur la
création d'un Gibraltar russe destiné à fermer aux autres

puissances les ports de Niéou-tchouang, de Tching-ouang-tao et de Tientsin, et à mettre Pékin sous la dépendance directe de la Russie, répondit bientôt par l'occupation de Weï-haï-weï situé en face de Port-Arthur, sur la côte nord du Chan-toung, et le transforma au plus vite en une base navale destinée à garder l'entrée sud du golfe du Pétchili et à contrecarrer les visées politiques et territoriales de la Russie. La France suivit le mouvement en s'emparant à son tour de Kouang-tchéou-ouane à l'entrée du golfe du Tonkin.

On sait comment ces envahissements de la Chine par les étrangers furent la cause première du soulèvement nationaliste chinois. La secte politico-religieuse des *I-ho-tchuan*[1], que nous avons appelés Boxeurs, par une traduction plus ou moins erronée de leur nom chinois, leva l'étendard de la révolte contre les étrangers et ceux qui les protégeaient à Pékin. Elle se rua sur les légations au cri de « la Chine aux Chinois, mort aux barbares étrangers ». Ce que l'on sait moins, c'est que l'occupation du sud du Liao-toung par les Russes faillit amener aussitôt la guerre entre le Fils du Ciel et le mikado. Le Japon estima en effet que cette cession était absolument contraire aux termes du traité qu'il avait signé avec la Chine. La Russie le calma en affirmant que la suprématie de la Chine serait respectée et que nulle entrave ne serait mise aux intérêts commerciaux d'aucun État.

« Le tsar permettrait à toutes les nations d'envoyer leurs flottes de commerce dans le port de Ta-lien-ouane, qui serait bientôt relié aux frontières les plus lointaines des deux continents de l'ancien monde par le grand chemin de fer sibérien. » Aux Chinois l'amiral Doubassov adressait une proclamation où il disait : « Il se comprend de soi-même que la Russie ne nourrit aucun dessein hostile vis-à-vis de la Chine, et que son vœu unique est de transformer l'organisation militaire et navale du Céleste-Empire dans la péninsule, et d'y créer, pour ce pays, une défense solide et sûre... Désormais la protection des habitants et du commerce fera l'objet de mes soins. La Russie désire non seulement voir la Chine

---

1. L'*Union harmonique des poings*.

forte et indépendante, mais encore assurer la sécurité et le bien-être de ses sujets. »

Les travaux de l'Est-chinois et de la ligne du Sud-mand-chourien, reliant Kharbin à Port-Arthur, furent activement poussés. L'Angleterre, non satisfaite de s'être créé un port militaire et une zone d'influence dans le Chan-toung orien-tal, en face du Gibraltar russe, essaya de prendre également pied en Mandchourie. Le 7 juin 1898, la *Hong-kong and Shanghaï Banking Corporation* concluait, avec l'admi-nistrateur des chemins de fer du Nord-chinois (Tientsin à Chan-haï-kouane) dans le Pétchili, une convention par laquelle elle faisait les fonds de la construction d'une voie ferrée reliant le port ouvert de Niéou-tchouang dans la pro-vince mandchourienne du Shing-king ou Kouang-Toung à Chan-haï-kouane, gare frontière du Pétchili à l'extrémité de la grande muraille, sur le golfe de Liao-toung.

La Russie protesta énergiquement auprès de l'empereur de Chine par l'entremise de son représentant à Pékin, M. Pav-lof ; les relations s'aigrirent entre l'Angleterre et la Russie et l'on put craindre pendant quelque temps l'ouverture d'hosti-lités entre ces deux grandes puissances. De longues négo-ciations amenèrent enfin, le 28 avril 1899, l'accord anglo-russe, qui laissa à l'Angleterre les mains libres dans la vallée du Yang-tsé-kiang et à la Russie la liberté d'action en Mandchourie. Il fut entendu, au sujet du chemin de fer anglo-chinois de Chan-haï-kouane à Niéou-tchouang, que la ligne resterait chinoise, mais que le gouvernement chinois était autorisé, pour sauvegarder les intérêts des actionnaires britanniques, à nommer un ingénieur en chef anglais et un autre européen, pour surveiller la gestion des sommes empruntées.

La Chine gardait le contrôle général de la ligne qui ne pouvait être cédée à aucune compagnie non chinoise. Une stipulation spéciale laissait à la Russie le droit d'obtenir des concessions de chemins de fer qui, partant de la ligne prin-cipale de Mandchourie, se dirigeraient vers le sud-ouest et traverseraient les mêmes régions que la ligne chinoise devant aboutir à Niéou-tchouang.

C'est en vertu de cette clause qu'en mai 1899 la Russie

demanda la concession d'une ligne de chemin de fer destinée à relier le Sud-mandchourien à Pékin, que l'on pourrait ainsi atteindre directement par le transsibérien.

Le transsibérien achevé en 1901[1] (sauf la partie contournant le sud du lac Baïkal) n'a pas coûté, dit-on, moins de 2 milliards de francs alors qu'en 1896 on ne prévoyait qu'une dépense totale de 855 millions de roubles[2], dont 287 millions pour le chemin de fer de l'Est-chinois. Mais les Russes ne croient pas avoir acheté trop cher les services incontestables que cette colossale entreprise est appelée à leur rendre en Sibérie et en Mandchourie, tant au point de vue économique, par la colonisation du pays et l'exploitation des richesses agricoles, forestières et minérales, qu'au point de vue politique. En 1901 on calculait cependant que les 7 792 verstes[3] de voies sibériennes et mandchoues coûtaient annuellement à l'exploitation la jolie somme de 47 millions de roubles, alors que, pour cesser seulement d'être une charge au Trésor, elles devraient rapporter dans l'année 80 millions de roubles. Le déficit se produisait sur les trains de voyageurs, vu l'extrême bon marché des billets même de première classe, qui pour franchir les 8 500 kilomètres qui séparent Moscou de Vladivostok ou Port-Arthur ne coûtent que 310 francs. Les marchandises, par contre, laissent un bénéfice à cause des taxes relativement plus élevées (13 kopecks[4] par poud[5] et par verste). En 1899 on a réalisé sur ce chapitre un excédent de bénéfices de 400 000 roubles environ. Pour établir l'équilibre, il faut arriver à un mouvement annuel de 6 000 millions de pouds. Les seules dépenses d'exploitation exigent 370 millions de pouds. Le mouvement en 1901 étant de 152 millions de pouds, l'équilibre financier

---

1. Le 3 novembre 1901, le dernier rail fut posé à 303 verstes de la station de Sibir, où la ligne passe de Transbaïkalie en Mandchourie. Le premier coup de pioche avait été donné par le tsar le 31 mai 1891. La longueur totale, quand le circumbaïkal sera terminé, atteindra 9 125 verstes (9 736 kilomètres). Le coût total arrivera alors à près de 3 milliards de francs.

2. Le rouble-argent ou papier vaut environ 2 fr. 66; le rouble-or = 4 francs.

3. 1 verste, (500 sagènes) = 1 067 mètres; 1 sagène = 2 m. 133.

4. 1 kopeck = 26 centimes; 100 kopecks = 1 rouble.

5. 1 poud = 15 kilogr. 380.

de l'entreprise sera établi quand ce mouvement sera presque
triplé [1].

*
* *

Si nous nous sommes un peu longuement étendu sur l'histoire du transsibérien et des chemins de fer de Mandchourie, c'est pour montrer que les Russes ayant sacrifié tant de
millions de roubles, sans parler de milliers de vies, pour la
conquête politique et commerciale de la Mandchourie, on ne
peut s'attendre à les voir abandonner bénévolement ce pays
aux Japonais. Ceux-ci, qui n'ont jamais pu se consoler d'en
avoir été chassés par la Russie et ses alliés, n'y ont d'ailleurs aucun établissement.

L'Europe, représentée dans la question par la France et
l'Allemagne, et même par l'Angleterre qui se désintéressa
de ces pays du Nord dès qu'elle eut acquis liberté d'action
dans les pays beaucoup plus intéressants et plus riches de
la vallée du Yang-tsé-kiang; l'Europe, dis-je, a-t-elle eu
raison de laisser la Russie maîtresse d'annexer la Mandchourie au lieu et place des Japonais? C'est ce que nous allons
étudier.

Le caractère russe est exclusif avant tout et le gouvernement du tsar ne comprend nullement la politique de la porte
ouverte, la fameuse formule de l'*open door* de l'Angleterre.
Sitôt établis dans un pays, les Russes ont une tendance natu-
relle et pour ainsi dire invincible à le fermer au commerce
étranger, afin d'en jouir uniquement pour eux-mêmes. Nous
avons eu l'occasion d'observer cette tendance même en
Europe, dans les ports de la mer Noire, où ils cherchent
autant que possible à décourager la navigation des pavillons
étrangers, par mille tracasseries administratives et fiscales,
épargnées naturellement à leurs nationaux. Elle s'affirme
d'autant plus qu'on s'éloigne des centres plus civilisés de la
Russie d'Europe et semble atteindre son maximum en Sibérie orientale et en Mandchourie. Nous nous rappelons encore
que, pendant la fameuse famine qui fit périr plusieurs millions de Chinois au Chan-toung, en 1878-1879, les grains

1. *Bulletin du Comité de l'Asie française*, décembre 1901.

pourrissaient inutilement en tas considérables sur les quais de Vladivostok[1]. Dès qu'ils se furent établis dans le port à traité de Niéou-tchouang, les Russes le traitèrent en pays conquis ; ils forcèrent l'inspecteur général des douanes chinoises, l'Anglais sir Robert Hart, à retirer tous les fonctionnaires étrangers du bureau de ce port et ils les remplacèrent, de leur propre autorité, par des sujets russes. Bien mieux, ils refusèrent de verser à la banque officielle des douanes chinoises (Haï-Kouane Bank) le montant des taxes de douane levées sur navires étrangers. Ils se les approprièrent même en les faisant déposer à la Banque dite russo-chinoise, qui n'est en fait qu'une banque de l'empire russe, dans laquelle les Chinois ne figurent que pour la forme et pour y attirer les fonds des Célestes assez naïfs pour les y placer.

De même, les Russes se sont pour ainsi dire approprié l'administration des chemins de fer de la Mandchourie, qui sont gardés militairement par des sotnias de Cosaques, établies dans chaque station un peu importante, sous prétexte de défendre voies et gares contre les attaques des brigands indigènes, les fameux Kongkouses (Hong-hou-tze).

Voilà pour le point de vue commercial et politique. Au point de vue religieux, les Russes sont d'ordinaire extrêmement intolérants et, s'ils ont agi avec une certaine largeur d'idées en Asie centrale, c'est qu'ils avaient à ménager le caractère fanatique des populations musulmanes, réfractaires, comme l'on sait, à toute conversion et facilement soulevées par des prédications religieuses. Or, ces populations très guerrières avaient lutté avec une énergie extraordinaire contre l'envahissement des Russes, auxquels la victoire définitive avait coûté cher. Puis le voisinage de l'Inde anglaise où les musulmans jouissent, comme toutes les sectes religieuses, d'une grande liberté de conscience, a rendu les Russes plus perspicaces. Nous devons à la vérité de dire qu'ils ont su se faire aimer et respecter de ces populations dangereuses, en subventionnant largement écoles et mos-

1. Le 12 janvier 1901, ils le ferment au commerce sous prétexte d'en chasser les Chinois.

quées, et en gardant aux hauts fonctionnaires du pays un semblant d'autorité et d'indépendance, qu'on ne leur accorde même pas dans l'Inde.

En Mandchourie, malheureusement, il n'en a pas été de même, la conquête et la répression de quelques mouvements d'indépendance de la part des Chinois ont été conduites avec une main de fer non gantée de velours. On a encore présente à la mémoire l'épouvantable noyade de milliers de marchands et coolies chinois à Blagovechtchensk, en représailles d'une fusillade dirigée sur les Russes par une petite bande de brigands. Il s'ensuit que, tout naturellement, les indigènes n'aiment guère leurs nouveaux maîtres. On peut craindre même qu'ils ne profitent des premiers échecs des Russes pour se joindre aux Japonais, ce qui serait une sérieuse complication pour nos amis et alliés.

Sitôt installés en Mandchourie, les Russes y ont entrepris de toutes parts d'immenses travaux de colonisation, qui prouvent bien qu'ils n'ont nulle intention de restituer ces pays à la Chine. Le général Gribsky, gouverneur militaire de Blagovechtchensk, fait construire une route entre cette ville et celle de Tsitsikar. A Kharbin, le général gouverneur Grodekov organise le véritable centre administratif, militaire et commercial de la Mandchourie russifiée. Cette ville est en effet admirablement placée dans la vallée du fleuve Soungari, qui la relie à Blagovechtchensk et à l'Amour. M. Romanov, représentant le ministre des finances, y inaugura le 23 septembre (vieux style) 1902 le pont du chemin de fer de l'Est-chinois. Bien que le plus considérable de toute cette ligne, il a été construit en onze mois et ne mesure pas moins de 435 sagènes[1]. De là part l'embranchement allant à Port-Arthur. Kharbin est à peine sortie de terre en 1901 et elle possédait en février 1902 une population de 7 000 habitants, non compris les ouvriers chinois. On y remarquait déjà à cette époque une grande quantité de Japonais qui font ostensiblement tous les métiers, industriels, marchands, émigrants, domestiques, mais qui sont surtout d'admirables

---

1. 1 sagène = 2 m. 133.

espions, venus là pour renseigner leur pays sur les armements des Russes. Il en est de même d'ailleurs à Port-Arthur, à Dalny, Vladivostok, Niéou-tchouang, etc. Ils vont même jusqu'au fond de la Sibérie et on en a trouvé à Saint-Pétersbourg. C'est que le Japon s'aperçoit des desseins secrets de la Russie ; l'achèvement du transsibérien, le développement donné aux nouvelles villes de l'intérieur et de la côte lui démontrent que l'invasion russe ne s'arrêtera pas là. Elle menace la Corée où les sujets du tsar se font donner de gré ou de force des concessions de forêts sur la rive sud du Yalou et du Toumen. Pour défendre ces importantes concessions contre les incursions des brigands kongkouses, ou coréens, on y construit des casernes fortifiées qu'on peuple de soldats, soi-disant licenciés du service et devenus ouvriers, mais qui ont soigneusement conservé leurs fusils et gardent leur poudre de l'humidité.

Malgré l'opposition du Japon, qui réclame, de concert avec l'Angleterre et les États-Unis, l'exécution des traités, c'est-à-dire la rétrocession de la Mandchourie à la Chine et l'ouverture dans ce pays de plusieurs ports au commerce des nàtions du globe, le gouverneur russe de la Mandchourie obtient de la Chine, dès le mois d'avril 1901, une convention secrète par laquelle le Fils du Ciel (Bogdo Khan) abandonne au tsar blanc les territoires mandchous occupés par l'armée russe et que le général Gribsky traitait déjà le 7 août 1900, dans une proclamation officielle, de *territoire russe*.

Cela se serait fait contre le gré de l'empereur de Russie et de son ministre des affaires étrangères, le comte Lamsdorff. Le livre bleu sur la Chine, n° 5 de 1901, publié par le gouvernement anglais en donne la preuve. Le ministre d'Angleterre à Pétersbourg, M. C. Hardinge, y affirme en effet dans une note ce qui suit :

« Le ministre de la guerre (de Russie) m'a informé que S. M. l'empereur (Nicolas II), en vue d'amener la reprise la plus rapide des relations amicales avec la Chine, a daigné décider que l'on n'annexerait à l'empire russe aucune partie de la Chine, mais qu'on s'est borné à prendre des mesures nécessaires pour assurer l'exploitation pacifique et continue du

chemin de fer construit par la Russie à travers la Mandchourie et la libre navigation de l'Amour par ses navires. »

Il semble que le tsar ait été ensuite influencé en sens
contraire par son entourage, entre autres par le grand-duc
Alexandre Mikhaïlovitch et son protégé, M. Bézobrasov,
ancien officier, devenu conseiller d'État et secrétaire d'État.
Ce dernier avait résidé en Corée, où il s'occupait particulièrement de certaines affaires industrielles et commerciales,
entre autres des fameuses concessions de forêts sur le Yalou
et le Toumen. Depuis, s'il faut en croire une note du *Temps*
en date du 10 janvier 1894, « le grand-duc Alexandre, l'in-
venteur de M. Bézobrasov, serait en opposition complète de
sentiment avec son protégé au sujet du conflit russo-japonais. Le grand-duc, qui a professé toujours des doctrines
idéalistes et qui a gagné la confiance du tsar, par la fran-
chise de ses critiques contre certains abus de la cour impé-
riale, est, comme son beau-frère, un pacifique. Il lui a déplu
que M. Bézobrasov mît l'autorité, qu'il doit tout entière à sa
protection, au service d'idées qui n'ont jamais été et ne sont
pas les siennes. Nicolas II, pleinement d'accord avec le grand-
duc, a partagé son mécontentement et M. Bézobrasov a dû
demander un congé pour voyager à l'étranger; c'est une véritable disgrâce. »

Malheureusement il était déjà trop tard et les hauts fonctionnaires russes en Mandchourie et en particulier, dit-on,
l'amiral Alexeieff, partisans de la guerre à tout prix, avaient
fini par la rendre inévitable. Il en était de même en Corée,
où M. Pavlof, ministre de Russie à Séoul, irritait les Japonais en essayant de contrecarrer leurs plans commerciaux et
leurs demandes de concession du chemin de fer, de Séoul-
Ouidjou entre autres. C'est un peu, qu'on nous permette
l'expression, la politique que les Anglais appellent *The cat
in the manger*[1]. Nous craignons fort que les Russes ne se
soient ainsi donné le mauvais rôle vis-à-vis des Japonais.
Ceux-ci mettent ostensiblement leur orgueil à naviguer dans
le sillage de leur alliée récente l'Angleterre, en se faisant les

---

1. Le chat dans la mangeoire (empêchant le cheval de manger), autrement
dit, l'*obstruction*.

champions de la liberté et de l'indépendance de la Chine,
de la Mandchourie et de la Corée. Ils proclament bien haut
qu'ils veulent ouvrir ces deux derniers pays au commerce
étranger en forçant le Fils du Ciel, la Russie et l'empereur
de Corée à ouvrir de nouveaux ports aux flottes du monde
entier. Ils vont même plus loin et se font les champions de
la liberté de conscience et de la liberté du culte pour toutes
les religions. Or les Russes ont en Extrême-Orient une tendance contraire, et les missionnaires, tant catholiques que
protestants, que nous avons interrogés à ce sujet, tout en
reconnaissant l'amabilité actuelle des Russes à leur égard,
surtout s'ils sont français, craignent fort de ne plus jouir de
la même faveur le jour où le pays mandchou, voire coréen,
serait abandonné sans conteste à la domination moscovite.
Ils sont en effet persuadés, à tort ou à raison, que la religion
grecque orthodoxe sera seule autorisée dans le pays, comme
cela se passe en Russie d'Europe, et que, s'ils ne sont pas
chassés individuellement, on leur créera des difficultés et
qu'on n'autorisera plus l'entrée de nouveaux missionnaires.
Aussi, tout en reconnaissant la valeur de l'alliance franco-
russe et en étant, comme le peuple de la métropole, les meilleurs amis des Russes, ils inclinent cependant à penser qu'il
vaudrait mieux pour eux-mêmes, pour la religion catholique
et pour leurs chrétiens, que les Japonais fissent reconnaître
l'indépendance de la Mandchourie et obtinssent le protectorat
de la Corée.

*
* *

Examinons maintenant le côté japonais de la question et
commençons par le caractère même des Nippons comparé à
celui des Russes et des Mongols.

Le peuple japonais tient de son origine plutôt indo-méla-
nésienne, surtout pour les populations du sud de l'empire, un
physique et un caractère moral essentiellement différents de
ceux des Russes et des Chinois. A peine sortis il y a trente ans
du régime féodal, les Japonais sont restés complètement imbus
des passions guerrières qui caractérisent les Malais, et avaient
été poussés à l'extrême dans les clans de la noblesse, par
les Daïmios et les Samouraï, les chefs et les serviteurs.

S'ils ne passent plus leur temps à batailler, à se venger par la guerre ouverte ou même par l'assassinat, voire par le suicide, des griefs qu'ils peuvent avoir les uns contre les autres, ils n'en ont pas moins gardé la passion des armes et l'amour des combats à un tel point qu'un de leurs représentants à l'étranger me disait dernièrement : « La guerre est inévitable entre la Russie et le Japon, parce que le Japon ne pardonnera jamais aux Russes de lui avoir fait perdre la face en Mandchourie. Nous avions conquis ce pays sur la Chine, que nous voulions organiser militairement, afin de lui permettre de trouver dans la force des armes le moyen de rester indépendante comme le Japon. Or, sous prétexte de sauvegarder cette indépendance, on nous a fait quitter le pays et, malgré les traités, la Russie s'y est installée à notre place et compte bien y rester. Elle menace de s'emparer de la Corée, qu'elle convoite depuis longtemps, afin de s'y créer des ports lui assurant la libre navigation entre Vladivostok et Port-Arthur, qu'elle transforme en un véritable Gibraltar, menaçant ainsi Pékin. Enfin il faut que le peuple japonais se batte de temps en temps ; autrement il dégénérera, tandis qu'au contraire il se fortifiera par la guerre. » Ce que n'ajoutait pas le fin diplomate japonais, et ce qu'il pensait aussi certainement, c'est que, par suite du nouvel état de choses au Japon, le gouvernement a besoin d'occuper l'esprit batailleur et révolutionnaire des socialistes nippons qui, imitant trop servilement ceux d'Europe, passent leur temps à créer des difficultés au gouvernement et à l'attaquer dans les Chambres. Il aurait encore pu ajouter que la population nippone n'ayant pas encore adopté les théories, si dangereuses pour nous, du malthusianisme, s'accroît sans cesse et cela malgré les vices bien connus, qui ne paraissent pas enrayer cette surproduction de vies humaines, au grand étonnement de ceux qui étudient les mœurs japonaises. Or le pays, limité de tous côtés par la mer, ne peut plus nourrir qu'avec une difficulté chaque jour plus grande une population qui augmente continuellement et rapidement. Les Nippons sont donc obligés de chercher au dehors de leur territoire insulaire des pays où ils puissent essaimer le surplus de leur population et d'où ils puissent tirer les grains et autres matières alimentaires que le Japon ne peut produire en quantité suffisante pour les besoins toujours croissants de sa féconde population.

Ils ont conquis successivement sur la Chine les îles Lieou-Kiou[1] et la grande et riche Formose et se préparaient doucement à s'emparer des Philippines quand les Américains du Nord en prirent possession. Ces pays, du reste, ne faisaient qu'à moitié leur affaire, car le climat de Formose et surtout celui des Philippines est beaucoup trop chaud pour les Japonais, dont les îles sont tempérées dans la partie sud et réellement froides dans le nord. Par contre, le climat de la Corée correspond presque exactement à celui du Japon, en face duquel elle se trouve. La distance entre les côtes coréennes et nippones est relativement faible. Les Japonais estiment même qu'elle est si minime, que l'occupation du pays du Calme-Matin par une puissance ennemie (du Japon) serait un véritable danger pour leur indépendance et leur sécurité. Aussi ont-ils toujours convoité la Corée, tant au point de vue économique qu'au point de vue politique. Ils préfèrent de beaucoup la mettre en coupe réglée, en tirer les céréales, les grains, les bestiaux, y faire d'abondantes récoltes de poisson et d'algues alimentaires, que d'aller chercher tout cela bien loin en Chine, en Cochinchine et aux Philippines. Nous avons raconté ailleurs l'histoire des guerres antérieures du Japon avec la Corée[2]. Ils furent malheureusement battus et forcés d'évacuer le royaume de Tchao-hsiang[3], ce qu'ils n'ont ni oublié ni pardonné. Chassés de Chine où ils avaient espéré s'établir, ils se sont de nouveau jetés sur la Corée, mais, cette fois, profitant des leçons du temps, ils s'y sont pris par la ruse. Ils n'osent plus, en effet, recourir à la force ouverte. Cela aurait pu leur amener des démêlés désagréables avec les nations d'Europe, qui tiennent à conserver en Extrême-Orient une sorte d'État-tampon entre la Chine, la Russie et le Japon, et qui ont, à cet effet, garanti d'un commun accord l'indépendance de la Corée. Le royaume ermite, comme on l'a souvent appelé à cause de son isolement, est devenu

1. Ou Riou-Kiou.
2. *Le Correspondant*, 10 décembre 1894.
3. *Tchao-hsiang* : Calme-Matin ou Sérénité du matin, nom officiel de l'empire de Corée.

l'homme malade de l'Extrême-Orient, comme la Turquie est l'homme malade de l'Europe.

On peut dire que ces deux pays ne doivent de conserver l'existence indépendante, qu'aux convoitises intéressées de leurs voisins. Le Japon, très admirateur de l'Angleterre à laquelle il se compare volontiers et avec laquelle il a conclu un traité d'alliance en 1902, *took a leaf out of her book*[1], comme disent nos voisins d'outre-Manche, et copia absolument la politique anglaise en Égypte, comme la Russie la copiait d'ailleurs en Mandchourie ; seulement il employa des procédés plus pacifiques.

Il envoya une masse de jonques chasser la baleine et pêcher le hareng sur les côtes de Corée. Ceci amena tout naturellement le débarquement des pêcheurs nippons dans les principaux havres et ports. On y obtint peu à peu des concessions de terrain, pour réparer les navires, sécher et préparer les poissons, etc. Les commerçants suivirent bientôt les pêcheurs, et les maisons japonaises s'établirent un peu partout, gagnant graduellement l'intérieur des terres et allant jusqu'à la capitale. Les mineurs vinrent ensuite accompagnés d'ingénieurs, qui obtinrent des concessions de mines. Pour les exploiter, il fallait construire des routes. On démontra aux pauvres Coréens qu'ils s'enrichiraient rapidement en construisant des chemins de fer. Les Coréens ne demandaient qu'une seule chose, qu'on les laissât vivre en paix comme autrefois. Ils n'avaient besoin ni des Russes ni des Japonais et ils n'acceptèrent tout cela que malgré eux, contraints et forcés. Dans son enthousiasme pour l'éducation de la Corée, le Japon dépassa même la mesure ; dès qu'il se sentirent assez forts à Séoul, les « Fils du Soleil levant » essayèrent de mettre le gouvernement sous leur coupe et de civiliser le peuple à leur manière. Ils ôtèrent le gant de velours qui cachait leur gantelet de fer et firent assassiner la reine, dont l'influence dans le sens national et politique les gênait dans leurs réformes. Ils poussèrent l'inconscience jusqu'à vouloir modifier le costume et les habitudes des Coréens.

---

1. Mot à mot : prit une page de son livre, c'est-à-dire prit exemple sur elle (proverbe anglais).

Ils décrétèrent un beau matin que ceux-ci devaient s'habiller de noir, sous prétexte de diminuer leurs dépenses de blanchissage. On sait que les Coréens sont généralement vêtus de toile blanche fabriquée dans le pays et constamment blanchie et calandrée par leurs femmes. Le but secret était naturellement d'écouler en Corée le surplus des fabriques japonaises qui commençaient à souffrir de pléthore. On alla même jusqu'au ridicule, car on décréta l'abolition de la coiffure coréenne et même celle des longues pipes indigènes. Les Japonais, ne se servant que de petites pipes fort courtes, n'en trouvaient pas la vente dans le pays. Ils voulaient en un mot faire subir aux Coréens la transformation qu'ils avaient si récemment adoptée dans leur propre costume et dans leurs usages nationaux, en copiant un peu trop servilement les nations d'Europe : tout cela pour vendre leurs produits aux Coréens.

Très intelligents et sans doute conseillés par leurs amis les Anglais et les Américains, les Japonais se sont aperçus qu'ils faisaient fausse route. Le peuple coréen n'est pas encore prêt à suivre l'exemple du Japon et à modifier toutes ses coutumes pour plaire à ses voisins. Les sujets du mikado changèrent donc une tactique qui créait entre eux et les Coréens un abîme et une source de haine pouvant devenir dangereuse. Ils se contentèrent d'obtenir des concessions de pêcheries, de mines, de chemins de fer, et de contrecarrer de leur mieux la politique du ministre de Russie à Séoul. Celui-ci cherchait, lui aussi, des concessions en Corée ; il s'efforçait surtout d'acquérir une île ou un port pouvant servir à la Russie d'escale et de base navale pour ses vapeurs naviguant entre Vladivostok et Port-Arthur. Il ne fallait pas songer à Port-Hamilton, rétrocédé à la Chine par les Anglais à condition qu'aucune autre puissance que la Corée ne pût s'y établir[1]. M. Pavlof essaya de se faire céder l'île Dagelet qui, étant couverte de bois, avait une grande valeur économique ; mais comme elle se trouve dans le détroit de Corée, entre ce pays et le Japon, cette dernière puissance s'y opposa avec

---

1. Ils y ont encore un champ d'exercice gracieusement loué par le gouvernement coréen.

succès et commença à y exploiter les bois pour son compte. Ensuite ce fut le tour de l'île de Ko-je-do (Deer Island), près de Fousan, où les sujets du tsar essayèrent de prendre pied. Ils n'y réussirent pas mieux qu'à Masampho et à Mokpo. Ils se tournèrent alors du côté du nord et pensèrent à s'établir sur le Yalou. Les Japonais y étaient déjà installés, comme dans tous les ports de la côte et, comme les Russes, ils y exploitaient les forêts. Les colons russes cherchèrent à les évincer et confisquèrent quelques radeaux de bois ; puis ils voulurent empêcher les vapeurs japonais de remonter le fleuve. Toutes ces entreprises et les mesquines tracasseries qui en résultèrent, irritèrent au plus haut point les sujets du mikado établis en Corée et persuadèrent à tout le monde que la Russie cherchait à les y supplanter.

Le gouvernement japonais fit savoir aux puissances qu'il ne désirait pas annexer le pays du « Calme-Matin » à celui du « Soleil levant » et, pour le démontrer, il demanda à l'empereur Li-hsi d'ouvrir au commerce étranger plusieurs ports de son empire, entre autres ceux de Kunsan, Masampho, et Soungching ; cela fut fait en 1900. Les Russes demandèrent la concession des trois ports de Oulsan, Soungchingpo et Chinpodo pour quatre-vingt-dix-neuf ans, afin d'y établir leurs pêcheries et réparer leurs baleiniers. Ils n'obtinrent qu'une concession de terrain pour douze ans. Ces entreprises ne se développèrent pas comme on l'espérait. Les Japonais, au contraire, profitant des clauses du protocole russo-japonais, signé en 1898 entre le ministre du Japon Nissi et le ministre russe à Pékin Rosen, qui reconnaissait leur droit de se répandre dans le pays, consolidaient rapidement leur pouvoir et leur influence, tant sur les côtes qu'à la capitale Séoul. Ils achetèrent à une compagnie américaine la ligne entre Séoul et son port Tchemoulpo. Ils obtinrent la concession du chemin de fer de Séoul-Fousan et Séoul-Ouid-jou ; à l'imitation de la politique russe en Mandchourie, ils les firent garder par leurs soldats. Ils se font donner la direction des postes et des télégraphes en 1898. Ils introduisent enfin leur monnaie d'argent et construisent un hôtel des monnaies à Séoul. Dans les ports, principalement à Fousan et à Gensan, ils exécutent des travaux importants, comme construction de jetées, de maisons, etc. Des concessions de mines d'or et de charbon leur sont accordées par l'empereur, car leur influence devient toute-puissante à Séoul. Ils organisent l'armée coréenne à l'instar de la leur et lui fournissent des officiers. On commence à s'en inquiéter en Europe et dès le 10 septembre 1898, le correspondant du *Times* à Tokio écrit à son journal : « La Russie, bien désireuse d'avancer ses intérêts en Corée, y observe encore les traités. Dans cinq ou six ans il n'en sera plus de même et le Japon y possédera alors une telle prépondérance qu'il sera difficile de l'en déloger. La Russie ne fait encore dans le pays que des progrès diplomatiques, tandis que ceux du Japon sont commerciaux et industriels. Chaque année un nombre plus considérable de Japonais s'y établissent. La Russie veut attendre. » Elle attendit si bien que les statistiques de l'année 1901 nous apprennent qu'il y avait 17 000 Japonais établis en Corée, dont 2 366 à la capitale, tandis qu'on n'y comptait guère plus de 30 Russes (20 en 1900), et encore savons-nous de bonne source que les trois quarts étaient des Coréens naturalisés. La Russie, devant cet envahissement de la Corée par les Nippons, sembla renoncer à y prendre pied, au moins pour le moment, et elle jeta tout son argent et toutes ses forces en Mandchourie, où la Chine lui laissait le champ libre.

D'un autre côté, la Corée effrayée demande aux puissances, par l'entremise du Japon, que l'on reconnaisse sa perpétuelle neutralité, comme l'on a fait en Europe pour la Suisse et la Belgique. Ceci ne plut guère, comme l'on pense, au Japon qui s'y opposa.

En 1901, la Russie, bien établie au Liao-toung, essaye de nouveau de contrecarrer les plans japonais en Corée. Le bruit court que, malgré les clauses de son entente avec le Japon, elle envoie 300 hommes de troupes à An-tong-ken et 600 à Masampho, où elle achète pour 80 000 yens[1] de terrains afin d'y établir des magasins à charbon. Elle cherche de nouveau à se créer une base navale dans le sud à Tchin-haï-ouane. Le Japon prend feu ; il s'y fonde, sous la prési-

---

1. 1 yen = environ 2 fr. 55.

dence du prince Konoyé lui-même, une association politique, dite du *Kokumine Doumekuai*, destinée à combattre l'influence russe et à empêcher l'annexion de la Corée par les sujets du tsar. Les Japonais, comprenant que la possession du pays serait pour eux une charge trop lourde, veulent seulement y obtenir le droit de l'organiser à leur guise. Par contre, ils laisseront aux Russes les mains libres en Mandchourie, pourvu seulement qu'ils s'y conforment aux traités avec la Chine et avec le Japon. En attendant, le gouvernement mikadonal envoie dix mille fusils et un million de cartouches au gouvernement coréen. Celui-ci remercie le Japon en lui accordant 450 acres de terrain à Masampho, qu'il avait refusés aux Russes. Cette concession s'ajoute à celle de l'île Wulmido (île Roze) déjà achetée par les Japonais, près du port de Tchemoulpo. Un succès diplomatique leur permet d'obtenir le retrait du poste de quinze à vingt soldats russes qui avaient été cantonnés à l'île de Yulkumi près de Masampho (25 mai 1901), en compensation de la concession retirée dans ce port. Le commerce des Nippons en Corée se développe si rapidement qu'en juillet 1901 l'administration des douanes dirigées par l'Anglais Mac Leavy Brown constate que les neuf dixièmes du mouvement maritime dans les ports ouverts sont japonais. Ils possèdent aussi virtuellement les charbonnages de Ping-yang au nord-ouest non loin du Yalou, et leur grande compagnie de navigation la *Nippon-Yusen-Kaïsha* a le monopole du commerce du Ginseng à Songdo.

En octobre 1901 la Russie semble céder aux demandes japonaises et l'on parle d'une nouvelle convention entre elle et la Chine, convention comprenant les articles suivants :

I. La Russie consent à rendre à la Chine les trois provinces de la Mandchourie (Shing-king, Liao-toung et Heiloung-Kiang) avec le chemin de fer qui y est construit entre Niéou-tchouang et Chan-haï-kouane. Mais la Chine en laisse la garde à la Russie.

II. La Russie consent à retirer ses troupes de la province de Shing-king dans le courant de l'année.

III. Elle retirera graduellement ses troupes des deux autres provinces avant deux années.

IV. La Chine accepte d'employer des officiers russes pour

organiser les troupes mandchoues de Tseng-chi, gouverneur général tartare de Moukden.

On dit aussi que la Russie demande à la Chine de ne pas accorder à d'autres étrangers que les Russes des concessions dans la Mandchourie. En même temps, elle négocie avec le Japon pour que cette puissance n'empêche pas la Corée de lui céder une station navale dans le sud du pays. Mais la presse nippone se montre tellement hostile à ce projet que le gouvernement du mikado refuse de s'y prêter. Bien plus, il intervient auprès de la Chine, de telle façon que cette puissance rompt les négociations avec la Russie, et auprès de la Corée, qui refuse aux Russes l'autorisation qu'ils sollicitaient de relier la baie de Possiet à Séoul par une ligne télégraphique. Les Coréens répondent qu'ils l'établiront eux-mêmes jusqu'à la frontière.

Pour contrecarrer les Russes, la Chine ouvre au commerce, le 14 décembre 1901, le port de Tching-ouang-tao un peu à l'ouest de Niéou-tchouang toujours accaparé par eux [1].

*
* *

Mais voici un événement considérable qui va grandement surprendre la vieille Europe et donner aux Japonais un orgueil tel qu'il n'y aura plus moyen de négocier avec eux au sujet de la Mandchourie et de la Corée ; car ils vont se croire désormais invincibles sur terre comme sur mer. Tout leur sera permis à l'avenir. Le 30 janvier 1902, en effet, est la date mémorable à laquelle l'Angleterre condescendait pour la première fois à sortir de sa *splendid isolation* pour s'allier avec le jeune et belliqueux Japon. Ce traité, conclu pour cinq ans, comprend six articles des plus importants ; les voici :

Art. I. Les deux parties reconnaissent l'indépendance de la Chine et de la Corée...

Art. II. En cas de guerre faite par la Grande-Bretagne, ou le Japon, avec une autre puissance, l'autre partie contractante restera rigoureusement neutre et s'emploiera de tou-

---

1. Dalny avait été ouvert au commerce étranger le 1er décembre 1901.

tes ses forces à empêcher d'autres puissances de se joindre aux hostilités entreprises contre son alliée.

.ART. III. Si dans ce cas précité, une ou plusieurs puissances s'associaient aux hostilités contre cet allié, l'autre partie contractante viendrait à son secours et ferait la guerre de concert avec lui pour ne conclure la paix qu'après accord mutuel.

ART. IV. Les parties contractantes conviennent qu'aucune d'elles ne contractera avec une autre puissance quelconque des arrangements préjudiciables aux intérêts ci-dessus indiqués, sans se consulter au préalable avec l'autre.

ART. V. Lorsque, de l'avis de la Grande-Bretagne ou du Japon, les intérêts ci-dessus énoncés paraîtront en danger, les deux gouvernements communiqueront l'un avec l'autre franchement et pleinement.

ART. VI. L'accord actuel doit entrer en vigueur immédiatement après la date de la signature de l'accord et doit rester en vigueur pendant cinq ans à partir de cette date. (Suivent quelques considérations de moindre intérêt.)

Ce traité, fait en double à Londres, le 30 janvier 1902, est signé par lord Lansdowne, principal secrétaire d'État de Sa Majesté britannique aux affaires étrangères, et par le ministre plénipotentiaire du Japon près la cour de Saint-James, Hayashi. M. Robert de Caix dit, dans le *Bulletin du Comité de l'Asie française* du mois de février 1902: « Grâce à ce traité, le Japon n'a plus à craindre une coalition diplomatique comme celle qui fit reviser contre lui le traité de Simonoseki et le força d'abandonner la Mandchourie conquise par lui sur la Chine. Il doit croire maintenant qu'il pourra régler seul à seul avec la Russie la question de Corée et de Mandchourie... C'est là, semble-t-il, le plus sérieux danger de l'alliance. Et si à Londres et à Tokio on considère que le Japon est de taille à lutter contre la Russie en Extrême-Orient, ce danger n'est certainement pas à dédaigner. »

Le résultat ne se fit pas attendre et la Chine refusa, dès le mois suivant, de signer la convention avec la Russie au sujet de la Mandchourie. Elle demande qu'auparavant les Russes promettent le retrait de leurs troupes avant un an. Le 8 avril on arrive cependant à s'entendre et la Russie signe un enga-

gement de retirer ses troupes dans les dix-huit mois. La
Chine s'engage par contre à protéger le chemin de fer et les
sujets russes. L'évacuation doit être progressive. Six mois
après la signature, la Russie doit évacuer la province du
Shing-king, six mois plus tard celle de Kirin et après six
autres mois celle de Hei-loung-kiáng. M. Lessar signe pour
la Russie; le prince Tching et Wang Wen-chao pour la
Chine. La ratification doit avoir lieu à Saint-Pétersbourg
dans les trois mois.

Fort de son alliance, le Japon travaille de plus en plus à
organiser la Corée. Il obtient de diriger la construction de
trente phares sur les côtes au prix de 1 million de yens.

Cependant la Russie n'évacue toujours pas et on comprend ce qui la retient, quand on apprend que ses ingénieurs viennent de découvrir de l'or dans les roches du
Lao-tieh-chan, au sud de Port-Arthur, et dans les sables de
la baie de Siao-pin-tao à peu de distance au nord. Évidem-
ment ce qui était bon à prendre devient meilleur à garder.
Les relations se tendent avec l'Angleterre elle-même, parce
que les Russes s'offensant des demandes britanniques, en
vue de la construction et de l'administration de toutes les
voies ferrées à 80 milles au nord des lignes existant en
Mandchourie et au Pétchili[1], déclarent qu'ils ne se retireront
pas, ni ne restitueront les chemins de fer à la Chine, si la
Grande-Bretagne obtient ce qu'elle demande. La Russie prétend se réserver la construction de la ligne de Pékin à la
grande muraille. Elle parle d'autant plus haut que la France
se joint à elle pour s'opposer à la convention anglo-chinoise
touchant les chemins de fer. La Chine, poussée par l'Angleterre, répond du tac au tac en faisant paraître un décret
réglementant la question des mines, de façon à contrecarrer
les Russes sur ce point. Pendant ce temps (9 juin), les Japonais s'établissent en nombre à l'île Ulneung près Fousan en
Corée et y coupent les bois, au grand mécontentement des
Russes qui l'avaient convoitée.

---

1. Entre autres celles entre Feng-taï et la grande muraille; Tientsin et
Pao-ting-fou; Tong-shang et Toung-tchéou.

En juillet [le consul russe Cassini informe les États-Unis que la Mandchourie est évacuée par la Russie et qu'elle est prête à être reprise par l'administration chinoise. Les Russes gardent cependant Niéou-tchouang jusqu'à ce que Tientsin ait été évacué par les puissances européennes. Ils ne le rendront, ainsi que les chemins de fer, que quand on aura rempli toutes les obligations contractées à l'égard de la Chine par les étrangers. Le gouverneur général tartare de Kirin cède aux Russes l'exploitation des mines de la province contre le versement de 5 p. 100 des produits au gouvernement chinois. Celui-ci avoue que les trois provinces mandchoues ont été abandonnées aux Russes. Ces derniers ne firent en effet que des simulacres d'évacuation, transportant simplement leurs troupes dans des camps à quelques kilomètres des villes qu'elles occupaient, pour y revenir ensuite peu après ; Kharbin ne fut d'ailleurs nullement évacué.

En août, les Anglais, dont le commerce avec Niéoutchouang représente une valeur de 3 millions de livres sterling, s'étant adressés à leur gouvernement, le Parlement leur répond que la Russie a promis l'évacuation. Le prince Uktomsky fait savoir aux journaux, en septembre, que cette évacuation ne pourra avoir lieu d'ici quelque temps, la Russie étant obligée, avant tout, d'assurer sa sécurité et celle des chemins de fer. Si on retire les troupes, il s'ensuivra certainement un nouveau soulèvement des Boxeurs. La véritable raison est que le chemin de fer de l'Est-chinois et son embranchement sur Dalny et Port-Arthur ont détruit le commerce de la Sibérie orientale et ruiné tout particulièrement Vladivostok, ainsi que les lignes de navigation sur l'Amour et l'Oussouri. M. de Witte, ministre des finances, s'en est rendu compte pendant le voyage qu'il a fait en Extrême-Orient afin de contrôler les dépenses exagérées du transsibérien, et, pour remédier à cet état de choses, il propose l'ouverture d'un port franc à Vladivostok. Un correspondant du *Times*, Alan H. Burgoyne, voyageant dans ces pays, écrit à son journal que l'occupation de la péninsule du Liao-toung et de la côte de Mandchourie sera tout aussi permanente que celle de Cuba par les États-Unis : il pourrait ajouter aujourd'hui, après l'accord anglo-français, que celle de l'Égypte par ses compatriotes. Les Russes confirment si bien cette opinion qu'ils achèvent de rendre Port-Arthur inexpugnable et commencent tranquillement l'étude de lignes destinées à relier Pékin et Kirin au transsibérien. On comprendra l'intérêt du rattachement de Niéou-tchouang à ce réseau quand on saura que les marchandises russes mettront vingt jours pour y aller par voie de terre, au prix de 5 roubles le poud, tandis qu'il faut compter sur deux mois de voyage par mer, au fret de 1 rouble et demi, il est vrai. Un voyageur, avec 100 pouds de bagages, met dix-huit jours de Londres à Port-Arthur par le chemin de fer, avec une dépense de 35 à 40 livres sterling, tandis que par paquebot il faut compter sur trente-cinq à quarante jours avec une dépense de 70 à 80 livres sterling. Le service postal commençait dès février 1903 à confier les lettres pour l'Extrême-Orient au transsibérien[1].

Ce succès fait que la Russie reprend ses visées en Corée et s'efforce, en mars, d'y obtenir la concession de la ligne Séoul-Ouidjou, que nous n'avions pu construire, mais le Japon s'y oppose, car il commence à s'irriter sérieusement des temporisations russes au sujet de l'évacuation. Un symptôme inquiétant est la reconstitution projetée de l'association nationale (antirusse) dissoute au moment où la Russie s'était engagée à retirer ses troupes (8 avril 1902). On s'y rend compte en effet que le jour prochain où les Russes auront achevé la construction des réseaux projetés en Mandchourie, ils pourront facilement jeter en peu de temps 300 000 à 500 000 hommes sur la frontière de Corée. C'en sera fait de l'indépendance de ce pays et le Japon sera sérieusement menacé à son tour. Il faut donc à tout prix déclarer la guerre avant que la concentration des troupes ennemies soit un fait accompli. Telle est l'opinion générale des sujets du mikado et sans doute aussi du gouvernement japonais lui-même.

---

1. La ligne fut ouverte aux voyageurs le 8 mars et le voyage entre Paris et Shang-haï put se faire en dix-huit jours grâce aux steamers de la Compagnie allant de Dalny à ce port. — A ce moment, suivant M. de Witte, le transsibérien a déjà coûté 758 955 907 roubles. Lorsque la partie au sud du Baïkal sera achevée, la dépense totale atteindra 1 milliard de roubles.

Le 8 avril, date fixée pour l'évacuation de Niéou-tchouang par les Russes, passe sans que ceux-ci paraissent s'en souvenir. Aux représentations des Japonais, qui se font les porte-parole des étrangers, surtout des Anglais et des Américains, on répond que le Taotaï, ou gouverneur chinois, n'est pas encore en mesure d'assurer la tranquillité ; que des raisons très sérieuses de salubrité empêchent l'évacuation, qui est également arrêtée par la présence de canonnières anglaises et américaines dans le port. Aussi, les Russes continuent-ils non seulement à occuper, mais encore à encaisser pour leur compte tous les impôts, mêmes ceux perçus par les douanes sur les navires étrangers. Or, le commerce russe est insignifiant. Pour motiver son refus d'évacuation, la Russie demande auparavant huit concessions importantes à la Chine, qui doit garantir ce qui suit :

1° Elle n'ouvrira pas d'autres ports ou villes en Mandchourie (ceci pour répondre aux États-Unis qui demandaient l'ouverture de Moukden et de Ta-kou-chan).

2° Elle n'admettra pas de consuls étrangers dans le pays (sauf ceux de la Russie).

3° Elle ne changera rien à l'administration actuelle.

4° Les revenus de la douane de Niéou-tchouang continueront à être versés à la Banque russo-chinoise.

5° On établira une commission sanitaire sous le contrôle de médecins russes.

6° La Russie aura le droit de placer les fils de ses télégraphes sur tous les poteaux des lignes chinoises en Mandchourie.

7° Défense absolue à la Chine de céder aucune portion du territoire à aucune puissance.

La Chine, comme on pouvait s'y attendre, refusa d'accepter ces conditions, et la Russie rompit les négociations à nouveau, mais plaça de force ses fils télégraphiques sur la ligne allant jusqu'à Antoung, sur la frontière de Corée, sans tenir aucun compte des représentations tant chinoises que coréennes. On sent si bien que la situation s'aggrave que les Chinois prudents commencent à quitter Port-Arthur et Vladivostok (27 avril 1903).

En mai, M. de Plançon, ministre de Russie à Pékin, demande

que la navigation sur le fleuve Liao soit réservée aux pavillons russe et chinois exclusivement. L'Angleterre et le Japon, dit-il, n'ont rien à faire en Mandchourie, où ils n'ont dépensé ni vies ni argent, comme l'a fait si largement la Russie. Le Japon doit se contenter de sa position en Corée et s'abstenir d'avancer la main sur les pays mandchous.

Le Japon s'irrite naturellement de plus en plus et déclare bien haut dans ses journaux que la Russie sera seule responsable des conséquences de sa politique agressive, qui est d'ailleurs en contradiction flagrante avec les traités existants.

Il est curieux d'observer qu'à ce moment la *Gazette de Cologne* donne raison à la Russie et que la presse française se contente de rapporter les faits sans commentaires.

L'Angleterre prend franchement parti pour son allié et la Russie se contente de répondre à ses remontrances que ses informations sont fausses ou exagérées. M. de Plançon nie avoir rien demandé à la Chine. Pendant ce temps, on commence à mobiliser des troupes; 14 000 hommes sont, dit-on, envoyés à l'embouchure du Yalou et le général Kouropatkine se met en route pour Port-Arthur. Le 23 mai, les Russes débarquent 1 000 hommes de troupes et du matériel de chemin de fer à Ta-toung-kéou, embouchure du Yalou, pour une ligne devant relier ce port au chemin de fer de l'Est-chinois, et par suite au transsibérien. M. Levitof, directeur du *Novi-Krai*, journal de Port-Arthur, parle du danger d'un Bosphore jaune. Si, dit-il, la route entre Port-Arthur et Vladivostok tombe aux mains des Anglais ou des Japonais, le dernier point est perdu comme port de commerce. Si, au lieu de cela, le détroit de Corée est aux mains de la Russie, celle-ci obtiendra du coup la prépondérance maritime en Extrême-Orient. Il admet qu'actuellement elle ne peut lutter sur mer avec le Japon. En conséquence il prêche la paix et une entente avec le Japon et avec l'Angleterre, qui, dit-il, serait menacée au cas où soit le Japon, soit la Russie, posséderait le détroit de Corée. Il faut s'entendre avec les Anglais pour réglementer l'immigration japonaise dans le pays du « Calme-Matin ».

La Chine cède peu à peu, article par article, aux demandes

des Russes en Mandchourie. Les États-Unis prétendent qu'ils ne s'opposent pas à la prise de possession par la Russie, pourvu que celle-ci accorde des privilèges commerciaux égaux à tout le monde. Le Japon s'inquiète sérieusement des agissements russes en Corée, où ils prétendent protéger l'empereur Li-hsi, et de leurs préparatifs de guerre sur le Yalou. Ils les accusent de fausseté et se mettent en mesure de déclarer la guerre avant la fin de l'hiver, c'est-à-dire avant que la flotte russe puisse sortir du port de Vladivostok. Le Japon s'approvisionne déjà de biscuit et de munitions de guerre à Hong-kong et il presse à nouveau le gouvernement chinois d'ouvrir Moukden et Ta-toung-kéou. Mais Pékin répond par un *non possumus* inspiré par la Russie.

Celle-ci, pour détacher le Japon de l'Angleterre et obtenir liberté d'action, envoie son ministre de la guerre, le général Kouropatkine, à Tokio. Mais il n'aboutit à rien, car le sentiment populaire y est arrivé à une sorte de paroxysme et, comme l'écrit un Français au *Manchester Guardian*, il n'y a aucun doute que la majeure partie des Japonais désirent la guerre ; sa déclaration sera reçue avec enthousiasme.

Le gouvernement en profite pour se faire accorder des fonds nouveaux en vue de développer la flotte. Mais le Japon est pauvre et c'est heureux ; car le jour où il sera riche, il mettra le feu au monde. Reste à savoir si les Anglais aideront les Japonais.

Les journaux du pays, entre autres le *Jiji*, affirment qu'une convention cédant la Mandchourie a été signée, le 20 juin, entre M. Lessar, ministre de Russie, et le prince Tching. Il faut à tout prix soutenir la Chine vacillante. On s'attend donc (6 juillet) à l'envoi très prochain d'un ultimatum aux Russes au sujet de leurs promesses toujours non tenues. Aussi les grandes manœuvres d'été sont-elles arrêtées en Russie par l'envoi en Extrême-Orient de deux brigades et du 124e régiment d'infanterie. Herr von Brandt, ancien ministre d'Allemagne à Pékin et au Japon, écrivant à la *Neue Freie Presse*, voit dans l'attitude et l'action russes en Mandchourie la contre-partie de la politique anglaise en Égypte. Il conclut que l'on doit considérer ce pays comme définitivement tombé sous l'influence russe, quelle que soit d'ailleurs la situation temporaire.

Le Japon n'accepte pas ces conclusions et il se plaint amèrement du règlement de 1895 qui l'expulse du pays. Par droit de conquête, dit-il depuis deux mois dans ses journaux, nous possédions en 1895 le littoral du Shing-king. La France, la Russie et l'Allemagne nous en ont chassés, sous prétexte que la possession, même d'une fraction de la Mandchourie, par une puissance étrangère menacerait l'indépendance de la Corée, pour laquelle nous nous étions battus ; et aujourd'hui, en 1903, on nous demande de croire que la possession de toute la Mandchourie par la Russie ne causerait pas pareil danger. C'en est trop. Si nous opposons maintenant à la saisie en bloc par la Russie les mêmes objections qu'elle souleva il y a neuf ans contre notre conquête par les armes, d'une fraction du même pays, peut-on nous accuser d'être déraisonnables ? Ces murmures renouvelés ont forcé le gouvernement à envoyer à la Russie une copie littérale, *mutatis mutandis*, de la propre dépêche reçue d'elle en 1895. L'alliance avec l'Angleterre avait calmé le Japon, parce qu'il comptait que cette puissance l'aiderait à faire entendre raison à la Russie. Par contre la nouvelle du rapprochement anglo-français y a créé un sentiment de gêne, surtout dans le parti russophile qui prétend qu'il serait plus sage de s'entendre promptement avec le tsar tant que cela est encore possible. Malheureusement ce parti des gens sages et pondérés ne comprend que quelques journalistes en vue et a peu d'adhérents[1]. L'accord anglo-français les inquiète parce qu'ils croient qu'il peut diminuer la force de l'alliance franco-russe et tend à rapprocher l'Angleterre de la Russie. Or le Japon doit choisir entre deux politiques :

1° Maintenir l'intégrité de l'empire chinois, assurant ainsi l'indépendance de la Corée contre les assauts du Nord ;

2° Abandonner la Mandchourie à son sort, pourvu que la sécurité de la Corée soit achetée par ce sacrifice. Cette dernière manière de voir est celle du parti russophile.

Mais les agissements russes sur le Yalou et l'opposition

___

1. Lettre du correspondant du *Times* à Tokio, 6 juin 1903.

de M. Pavlof à la nouvelle demande d'ouverture du port de
Oui-djou faite par le ministre d'Angleterre à Séoul, irritent
le Japon beaucoup plus que le retard de l'évacuation de la
Mandchourie. Aussi commence-t-il à regarder l'invasion
russe des rives coréennes du Yalou comme un *casus belli*
et tous les fonctionnaires japonais en Chine parlent de la
guerre comme inévitable. On finit par le comprendre à Saint-
Pétersbourg ; car on y parle, aux premiers jours d'août, de
mobiliser 180 000 hommes pour l'Extrême-Orient, et d'employer 13 millions de roubles à fortifier Port-Arthur et
Dalny.

Cela n'effraye nullement le Japon, ainsi qu'on peut s'en
rendre compte par l'intéressante communication d'un cer-
tain marquis d'O, Japonais bien connu dans les cercles mi-
litaires et diplomatiques, publiée par le journal parisien *la
Patrie* (août 1903).

« Le marquis d'O déclare tout d'abord qu'en cas de guerre
le Japon aurait une supériorité navale incontestable sur la
Russie, grâce à ce qu'il possède les meilleurs navires et la
plus puissante artillerie aussi bien qu'une flotte de plus
grande homogénéité que celle d'aucune puissance. Les canons
japonais ont une portée plus grande et une puissance de
pénétration plus considérable que ceux de la Russie. Par
suite les navires japonais pourraient commencer les opéra-
tions à une distance à laquelle ils n'auraient rien à craindre
de leurs adversaires russes. Ils pourraient ainsi répéter le
facile exploit de l'amiral Dewey qui détruisit une flotte espa-
gnole supérieure en nombre, mais inférieure en portée d'artillerie et en force d'armement. « Une fois que nous serions
maîtres de la mer, nous débarquerions une armée sur le con-
tinent asiatique. Les Russes arriveraient graduellement à
réunir une force supérieure à la nôtre. C'est alors que la
diplomatie anglaise interviendrait. Nous sommes sûrs de
gagner la première manche. La seconde resterait peut-être
indécise ; mais grâce à l'Angleterre, les choses n'iront pas
jusqu'au bout. Nous désirons entrer dans la lice avec la
Russie, parce que cela assurerait à notre race une égalité avec
les nations d'Europe. Lorsque les expéditions internationales
furent organisées pendant la dernière guerre de Chine, le

commandement des différentes colonnes fut confié tour à
tour aux généraux anglais, allemands, français et italiens.
Aucun de vous n'aurait voulu mettre des troupes européennes sous les ordres d'un général japonais. Et cependant,
je vous le demande, pourquoi pas ? Sommes-nous des frères
inférieurs comme les gorilles de Darwin, ou des hommes
civilisés ayant les mêmes droits que vous aux prérogatives
sociales ? Eh bien alors, nous désirons cette guerre, ne serait-
ce que pour conquérir notre place dans le monde, même si
cela ne nous rapporte aucun avantage matériel. Si nous avons
le malheur de remettre à plus tard le conflit inévitable, la
Russie s'y préparera de façon à devenir formidable ; c'est là
la raison pour laquelle nous désirons nous battre de suite [1]. »

Cette communication explique parfaitement la situation,
et les événements qui se sont passés depuis ont démontré
que les Japonais étaient parfaitement préparés et que ce
qu'on appela d'abord du *bluff* n'était que la conscience de
leur force et de leur organisation tout à fait scientifique et à
la hauteur des derniers perfectionnements modernes. Ce que
le marquis d'O n'a pas dit, c'est que le Japon veut aussi transformer la Chine et faire ensuite une alliance avec elle contre
l'Europe ; mais il n'est pas probable que l'Angleterre aille
jusqu'à l'y aider. En cas d'échec, le mikado compte sur le
roi Édouard VII pour le tirer d'embarras ; là s'arrêtera, pen-
sons-nous, la coopération britannique. L'Angleterre a tout
intérêt à voir écraser les Russes dont elle craint l'influence en
Afghanistan, au Bélouchistan et au Thibet; mais le Japon,
définitivement victorieux et gonflé d'orgueil, pourrait devenir
très dangereux, surtout s'il profitait de ses succès pour organiser militairement la Chine contre l'Europe. Il est probable
qu'on lui abandonnera la direction de la Corée, définitivement
perdue pour les Russes et qui restera nominalement indépendante, sous la protection tacite mais effective des puissances.
Si les Russes finissent, comme nous l'espérons, par triom-
pher des Japonais en Mandchourie, ce pays leur sera définitivement acquis, mais à la condition d'en ouvrir les ports et

---

1. L'article de J.-H. Longford dans la *Nineteenth Century* de septembre 1903, intitulé *The Naval Power of Japan*, mérite d'être comparé avec
cette appréciation japonaise, dont il prouve l'exactitude.

les villes au commerce du monde entier. La Chine en a,
dit-on, déjà pris son parti et l'Angleterre, assurée de sa liberté
d'action dans la vallée du Yangtze, beaucoup plus riche que
les pays du Nord, s'y taillera, somme toute, la part du lion.
La France n'ayant d'intérêts que dans les provinces limitro-
phes du Tonkin et voulant d'ailleurs la paix à tout prix, évi-
tera soigneusement d'entrer dans le conflit. Reste à savoir
quelle sera l'attitude de l'Allemagne ; le kaiser peut nous
réserver plus d'une surprise et il se décidera difficilement à
rester en dehors du règlement définitif. Nous sommes bien
tenté de croire qu'il se fera donner une compensation dans
la province du Chan-toung, où l'Angleterre semble désireuse
de lui abandonner son territoire aussi coûteux que peu rému-
nérateur de Weï-haï-weï avec sa zone d'influence. Le chemin
de fer allemand de Kiao-tchéou à la capitale provinciale de
Tsi-nan-fou vient d'être achevé et se reliera sous peu à la
ligne de Pékin à Han-kéou ; c'est une sorte de prise de possession pacifique de la province.

*
* *

Nous ne pousserons pas plus loin l'histoire des querelles
entre le Japon et la Russie au sujet des concessions de ports
et de mines en Corée et autres tiraillements. Le moment
des hostilités approchait d'ailleurs rapidement. Le Japon, ne
pouvant obtenir une réponse catégorique à ses demandes
concernant l'évacuation de la Mandchourie, conclut à la
mauvaise foi de la Russie et, persuadé que celle-ci le trompait
et ne cherchait qu'à gagner du temps pour être en mesure
de l'attaquer avec avantage, brusqua le mouvement et le
6 février 1904 il rappela son ambassadeur à Saint-Pétersbourg. Considérant cela comme une véritable rupture et une
déclaration de guerre, il attaqua le 8 février les navires
de guerre russes le *Variag* et le *Korietz* dans le port de Tchemoulpo. On a beaucoup crié contre ce procédé assez som-
maire, il est vrai ; mais comme l'a fait remarquer un écrivain
(allemand), les Japonais n'ont fait encore ici que copier le
procédé de leurs maîtres les Anglais à Copenhague et plus
récemment en Égypte. La déclaration de guerre préalable

n'a pas toujours été observée. N'a-t-on pas relevé plus de cent infractions à ce vieil usage, un peu démodé, paraît-il, dans cent soixante-dix cas de guerre en Europe depuis un siècle? La France elle-même, pourtant si chevaleresque, n'a-t-elle pas profité un peu indûment de l'excuse des représailles pour bombarder à revers les forts et la flotte de Foutchéou en 1884, après avoir profité de l'état de paix pour y pénétrer sans combat? et, sans avoir déclaré la guerre, on la continua contre la Chine, tant sur les côtes que dans les îles Pescadores et à Formose. Nous étions à ce moment dans « l'empire du Milieu », et nous nous rappelons que cette conduite fut sévèrement critiquée par nos amis les Anglais, sans parler des autres nations.

Les Japonais ont envoyé une note de protestation, expliquant pourquoi ils ont dû agir ainsi. Que ceux qui n'ont jamais fait de même leur jettent la première pierre !

En résumé, il faut avouer que si le tsar et le gouvernement russe ne désiraient pas la guerre, ils ont été débordés par le parti de l'action à outrance et que la Russie a eu le grand tort de ne pas se souvenir de l'adage si sage : *Si vis pacem, para bellum*. Les agissements, en somme peu loyaux, de ses fonctionnaires de la Sibérie orientale l'ont amenée à vouloir garder de force un pays auquel les traités existants ne lui donnaient aucun droit. Le parti pris d'en tirer tout le revenu possible et de réparer ainsi le dommage causé à Vladivostok par la création de la branche sud du transsibérien sur Port-Arthur, l'a amenée à vouloir de plus s'assurer un port sur le Bosphore coréen. Les Japonais ont vu là un danger pour l'indépendance de la Corée et par suite pour celle du Japon, et forcément ils ont dû entrer en lutte pour sauvegarder l'existence même de leur pays, ainsi que l'expliquait le marquis d'O. Tous les torts ne sont pas de leur côté.

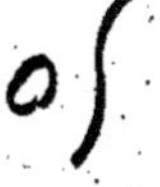